LE

CONGRÈS DE 1860

PAR

UN ITALIEN

GENÈVE

GEORG ÉDITEUR

MÊME MAISON A BALE

—

1860

LE

CONGRÈS DE 1860

PAR

UN ITALIEN

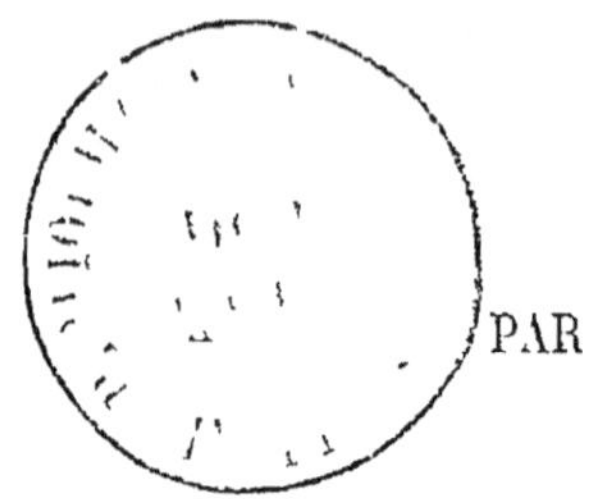

GENÈVE

IMPRIMERIE PFEFFER & PUKY

—

1860

LE CONGRÈS DE 1860

PAR

UN ITALIEN

Un congrès va se réunir à Paris. Ce ne sont pas seulement les grandes puissances, ni seulement celles qui ont un intérêt direct dans les matières à traiter qui doivent être appelées, l'Europe, tout entière, l'on peut dire, y est convoquée. On parle de chefs de cabinet, de premiers ministres, de diplomates qui jouissent de la plus grande confiance dans les différents pays, comme devant y représenter leurs gouvernements respectifs.

L'Angleterre elle seule s'est longtemps demandé si elle ferait partie de ce congrès, pourquoi elle irait. Elle boude encore, et, afin que cela ne soit douteux pour personne, elle se contente de charger son représentant ordinaire dans le lieu où le congrès doit se rassembler, d'y intervenir pour son compte ; mais enfin elle y va aussi. Dans quel but ce grand aréopage sur lequel se fixent inquiets les yeux de tout le monde ? Quelle sera sa sentence, quels en seront les résultats ? Est-ce la paix ou la guerre qu'il renferme dans son sein ? À l'anxiété qui se manifeste, on dirait que c'est l'outre aux vents et aux tempêtes que ces diplomates tiennent dans leurs mains. Tous ensemble auront-ils assez de force pour les y retenir? et n'est-il pas à craindre qu'au moindre désaccord, rien ne puisse les empêcher de se déchaîner?

Voici ce que l'on se demande, et le doute est d'autant plus rationnel qu'on est encore à chercher quel est le but de ce congrès. Evidemment, moins l'objet en est défini et plus le choc des diverses opinions, des intérêts, toujours distincts, souvent opposés, est à craindre. Nous sommes d'accord en cela avec le comte Reichberg qui, dans une note accompagnant la circulaire de convocation, écrivait « qu'une extension illimitée des « attributions du congrès pourrait facilement « amener des complications sérieuses. »

De ces paroles du ministre autrichien, on doit conclure que les puissances invitées au congrès, et celles mêmes qui les invitent, ne savent pas encore au juste de quoi cette réunion devra s'occuper. C'est au moins, assez extraordinaire; et il faut reconnaître qu'un besoin pressant l'a exigé, car, en général, avant de se réunir, il est d'usage de savoir au moins pourquoi l'on se réunit. On assure que l'objet du congrès est la question italienne, on ajoute même qu'elle en sera l'objet exclusif. Mais cela n'est pas encore bien certain, car on dit d'autres côtés que la Russie veut y traiter de la question d'Orient, l'Allemagne de sa fédération, l'Espagne de ses vues sur le Maroc, l'Angleterre de ses appréhensions pour Gibraltar, la Hongrie de sa nationalité et jusqu'à M. Lesseps de l'isthme de Suez. Ce serait vraiment, contre l'avis de M. Reichberg, donner au congrès une extension et nous ajouterons une durée illimitée.

Admettons que tout cela ne soit pas vrai, mais tout cela prouve l'importance que l'opinion publique lui donne, puisqu'on ne croit pas que la seule question italienne, toute grave qu'elle puisse paraître, soit un objet suffisant. Cela confirme ce que nous venons de dire, qu'il faut un besoin bien pressant et d'un intérêt européen, pour s'expliquer ce congrès.

Que cet intérêt soit compris dans la question italienne, c'est ce que nous sommes bien loin de vouloir contester; seulement nous disons, il faut bien s'entendre là-dessus; il ne faut pas se contenter d'aperçus vagues, d'aspirations diverses et toutes également indéterminées. Pour que le congrès corresponde à ce qu'on a droit d'attendre d'une pareille réunion, il faut que son but soit digne de lui, que ce but soit bien établi, qu'il représente une solution et non un expédient.

Certainement pour fixer, et nous dirons de plus pour tranquilliser l'opinion publique, c'est déjà quelque chose que d'avoir dit que le congrès ne s'occupera que de la question italienne. Cela empêche beaucoup de divagations, cela réunit sur un seul objet les réflexions de toute l'Europe officielle, et constate devant la conscience publique, que la question italienne est toujours si embarrassante, si importante, qu'il ne faut rien moins que la réunion de toutes les puissances d'Europe pour la résoudre Et cela, malgré les replâtrages diplomatiques précédents, malgré une guerre des plus meurtrières, malgré la paix de Villafranca et le traité de Zurich.

Selon nous, cela est autant de gagné dans la voie où nous jugeons que gît la seule solution possible, nous disons de plus la seule solution discutable par un tel aréopage.

Nous disons selon nous, dans la persuasion que la diplomatie, les différents gouvernements ne voudront pas se démentir eux-mêmes, et après avoir donné une si haute idée de l'objet de leur réunion, s'amoindrir par la manière de l'apprécier dans son application en vue de ses résultats.

Nous disons selon nous; car nous pensons qu'ils ne voudront pas manquer à leur dignité, et trahir leur intérêt par des biais qui, évitant les difficultés, n'en résoudraient aucune; et, témoignages de leur impuissance, n'ajourneraient pas même le danger, mais l'augmenteraient au contraire, l'étendraient peut-être.

Nous disons un pas de fait dans la voie de la solution; mais il en reste beaucoup à faire. Nous ne dirons pas pour en obtenir une juste et viable conséquence, mais seulement pour en approcher, pour se mettre sur un terrain sur lequel la solution soit possible.

Si c'est quelque chose que de dire: l'objet du congrès est la question italienne; ce n'est pas tout, et l'opinion publique a droit de demander: est-on résolu de résoudre ou veut-on se contenter d'attermoyer cette question? La résoudra-t-on en vue des traités préexistants, ou en vue des circonstances survenues? Les regles qu'on suivra seront-elles des principes ou des intérêts? Veut-on restaurer le passé, garantir le présent, ou fonder pour l'avenir?

Toutes ces questions exigent une réponse, car elles impliquent le problème de savoir si le congrès accomplira une œuvre de justice ou de déceptions; si la cause de l'humanité doit en espérer ou en craindre: si l'on veut dégager la vérité ou replâtrer le mensonge; faire la paix ou continuer la lutte.

Le congrès dans les circonstances dans lesquelles il est placé, peut s'élever à la hauteur d'un conseil de famille international, garantissant les droits, les devoirs, la liberté de chacun: il ne descendra pas pour plaire à l'Autriche au niveau d'une réunion de commandeurs d'esclaves d'Amérique, discutant ce qu'il faut augmenter de nourriture et diminuer de coups de fouet, pour contenir le bétail humain, sans trop de danger de révolte.

Il ne vaut pas la peine de cacher que la diplomatie est beaucoup tombée dans l'opinion publique ; une occasion se présente à elle pour remonter, mais à condition de descendre encore plus bas si elle ne remonte. Les circonstances font du congrès de Paris une des positions les plus éminentes auxquelles la diplomatie puisse atteindre mais comme dans toutes les positions le danger est en proportion de l'élévation : si elle ne fait pas de sa mission un sacerdoce, elle devra en faire une tricherie.

Représentants au congrès, c'est à vous à choisir ; si la postérité ne vous vénère pas comme des pontifes, elle vous méprisera grandement. Vous avez charge d'âmes, ce sont 25,000,000 d'individus qui sont là en jeu ; jouez loyalement et vous gagnerez à coup sûr la tranquillité pour le présent, le bonheur pour l'avenir, les bénédictions de vos contemporains, l'admiration de la postérité. Si vous trichez, prenez garde, car vous ne gagnerez la partie qu'en apparence, puisque personne ne reconnaîtra vos coups de dés. Vous aurez la honte de n'avoir rien fait, le remords d'avoir pu faire le bien, la malédiction pour avoir fait le mal.

Or, selon nous, cela s'appellerait tricher la question italienne, que de vouloir faire autre chose que reconnaître et baser la nationalité de l'Italie. C'est là sa mission, la seule digne d'une réunion pareille, la seule juste, la seule efficace ; c'est là la solution de la question, la seule vraie, la seule possible.

Ainsi puisqu'on est convenu que le congrès est appelé à résoudre cette question, s'il faisait autrement, il manquerait à son but ; et s'il se vantait de l'avoir atteint ce serait une tricherie pour les intéressés directs, un escamotage au moins pour tout le monde.

Que la reconnaissance de la nationalité italienne soit le but que le congrès doit atteindre, le seul rationnel, d'après sa convocation, le seul capable de résoudre la question, c'est ce que nous devons prouver, et c'est ce que nous tâcherons de faire. Nous parlerons ensuite des obstacles qui se rencontrent, de la manière de les vaincre, et nous finirons par prouver comment une fois ces obstacles surmontés, toutes les autres difficultés dont on se préoccupe à l'égard du gouvernement intérieur de l'Italie, s'évanouiront d'elles-mêmes, et sans que le reste de l'Europe ait à s'en intéresser.

On ne pourrait vraiment concevoir que le congrès convoqué à propos de la position de l'Italie, n'eût d'autre objet que celui de sanctionner la paix de Villafranca et ratifier le traité de Zurich. Ce serait trop fort. Ce sont là des faits particuliers à deux, si on le veut, nous dirons à trois puissances, et sur lesquels nous ne voyons pas, en principe, comment les autres seraient appelées à intervenir.

La France et l'Autriche n'entendent certainement pas que ce qu'elles ont fait de leur chef soit regardé comme fait définitivement, et qu'il soit nécessaire à sa validité de le soumettre à l'approbation d'autrui. Et les autres puissances ne sont pas encore tombées si bas pour vouloir envoyer leurs représentants à une réunion où toute discussion serait défendue, et dans laquelle leur rôle se bornerait au devoir d'approuver ce qui a été fait sans leur concours, malgré leurs avis et contre l'opinion de plusieurs d'elles.

Mais on dit : c'est que les résolutions du congrès de Vienne ont été profondément modifiées, et il faut, par respect pour cet acte fondamental de droit public, que les puissances signataires de ce traité, en signent les modifications successives.

C'est vraiment une curieuse destinée que celle de cette ruine diplomatique qui s'appelle congrès de Vienne! Pourquoi s'obstiner à la regarder comme le fondement du droit public européen? C'est compromettre le droit public.

Cet édifice, construit par la peur et la rancune, dans lequel on a superposé les uns aux autres des intérêts distincts, opposés, de circonstance en grande partie, changeants, en conséquence, fictifs presque tous, se heurtant par les angles des passions et ne se joignant par la vérité d'aucun principe; au lieu de servir de base, il a eu besoin de soutien au premier moment : on a imaginé la sainte-alliance.

C'était du reste à s'y attendre. Puisqu'on méconnaissait les droits, il fallait en appeler à la force; manquant de principes, il était nécessaire de recourir aux expédients; trahissant leurs promesses, les intérêts, les besoins des peuples, les gouvernements ne pouvaient compter sur leur concours; ils devaient prévoir l'opposition. ils organisèrent la résistance.

Et l'opposition, en effet, ne se fit pas attendre, et la résistance ne fut pas même toujours heureuse. L'expérience ne tarda pas à prouver que ce fameux pacte fondamental d'équilibre européen n'avait rien fondé du tout. L'édifice chancelait de tous côtés, une révolution en détachait une aile, la voûte s'en écroulait d'elle-même par défaut de construction; un intrus s'en appropriait une partie, un spéculateur en démolissait une autre à son profit; les vrais propriétaires du sol revendiquaient leurs droits, et des anciens détenteurs, quoique solennellement dépossédés par le pacte fondamental, rentraient en possession.

Cela dure depuis quarante-cinq ans, et cependant on parle toujours du respect dû aux résolutions du congrès de Vienne. Tout cela s'est presque toujours fait sans l'assentiment, contre la volonté de la majorité, au moins, des puissances signataires, et cependant on parle encore de la nécessité de faire intervenir ces puissances quand il s'agit de reconnaître chaque nouveau remaniement de l'état politique de l'Europe.

Nous savons que dans tous, ou presque tous les cas qui se sont vérifiés jusqu'à présent, les puissances se sont toujours hâtées de reconnaître après coup, comme bien fait, cela même qu'elles avaient déclaré impossible à admettre quelques mois auparavant. On dit que c'est par respect à l'autorité des faits accomplis ; mais selon nous, ce n'est pas ce qu'elles pouvaient faire de mieux en respectant leur dignité. En tous cas, nous ne savons pas comment concilier le respect qu'on professe encore envers les résolutions du congrès de Vienne, avec le respect érigé en principe, et qu'on a toujours professé pour tous les faits accomplis en opposition à ces mêmes résolutions.

On a si souvent pris le congrès de Vienne en faute de justice, de perspicacité, de bon sens, je pourrais dire : les auteurs eux-mêmes ont été si souvent obligés d'en convenir en l'amendant, le corrigeant ; il en reste si peu aujourd'hui, et demain il en restera probablement encore moins, que nous ne voyons pas pourquoi, au lieu de se préoccuper toujours de ce fameux traité, on ne le reléguerait pas aux archives pour tenir compagnie à tant d'autres de ses devanciers dont on ne parle plus. Pourquoi garder des décombres qui ne sont plus un édifice et qui ont toujours été un embarras ? En les déblayant, la voie serait plus libre, l'art n'y perdrait rien et la réputation des architectes aurait tout à y gagner.

C'est là notre opinion. Nous pensons que puisque la diplomatie de nos jours a renoncé à porter des perruques, elle pourrait renoncer aussi à nous entretenir toujours du congrès de Vienne. Mais enfin cela la regarde, car du moment qu'on

est convenu de témoigner sa vénération à cette
haute œuvre diplomatique en ne la respectant jamais, nous sommes prêt à admettre que c'est là
un jeu assez innocent.

Ce sur quoi nous insistons, c'est l'inutilité,
l'inopportunité d'un congrès qui n'aurait pour
but que de faire reconnaître aux puissances signataires, à Vienne, les modifications portees par
le traité de Zurich, comme on a fait, du reste,
dans des circonstances pareilles; on aurait obtenu
les mêmes résultats par un échange de notes.
Puisque, d'un côté, on n'admet pas d'improbation,
et que de l'autre on est décidé à l'approbation,
cela aurait été bientôt fait; cela aurait été plus
court, moins dispendieux, et aurait moins pro-
voqué l'excitation publique, excitation qui n'est
jamais sans danger.

On s'attend à de grandes choses de la part de
ce congrès. Qu'arriverait-il si on voyait le tout
se borner à un échange de signatures doublé
de décorations et de tabatières garnis de dia-
mants? On ne se joue pas toujours impunément
de l'attente générale.

Ainsi il est prouvé pour nous que si on se réunit en congrès, ce n'est pas pour un simple acte
de courtoisie envers la mémoire du ci-devant
pacte fondamental, ou pour assister à ses der-
nières funérailles, comme le dit quelqu'un.

Mais cela ne prouve pas, nous répondra-t-on,
que ce doive être pour constituer la nationalité
italienne. Si la paix de Villafranca n'exigeait pas
par elle-même la réunion d'un congrès européen,
l'inexécution des accords entre les deux empe-
reurs, les difficultés qui ont surgi pour l'application des bases qu'ils avaient établies, l'état
anormal dans lequel se trouve l'Italie après cette
convention, les plaintes des peuples et celles des
gouvernements, demandent le concours de toute
l'Europe.

Si l'on donne une pareille interprétation à la réunion du congrès, nous confessons que, pour notre part, nous pensons que l'amour-propre des gouvernements ne doit pas en être extrêmement flatté. Nous disons hautement : c'est faire bon marché de la dignité des grandes puissances qui ont convoqué le congrès et de celles qui ont consenti d'y intervenir, que d'admettre une supposition de ce genre,

Dans cette supposition, la France, en convoquant le congrès, qu'aurait-elle dû dire.?

Elle aurait dû dire :

Moi, j'ai posé la question de la nationalité, de l'indépendance italienne dans le conseil des grandes puissances, mais on n'a pas voulu m'écouter. J'ai voulu la résoudre par les armes, j'ai cru que la chose était plus facile qu'elle ne l'était en effet. J'ai beaucoup promis, mes programmes en font foi, et je n'ai pu tout tenir, les circonstances m'en ont empêche ; je l'ai déclaré quelques jours après la paix ; mais enfin j'ai fait pour le mieux.

Confiant dans ma puissance, après avoir déchaîné la tempète, j'ai dû penser qu'il était en mon pouvoir de la calmer ; confiant dans le cacactère chevaleresque de l'empereur d'Autriche. j'ai cru pouvoir compter sur l'efficacité de son concours ; confiant dans l'espoir que les peuples avaient mis en moi, et dans la peur des souverains de l'Italie, j'ai pensé que rien ne serait plus facile que de mettre d'accord les uns avec les autres.

J'ai signé la paix à Villafranca. J'ai dû croire que tout était fini au moins pour le moment. J'ai vu que les questions d'indépendance, de nationalité, prises dans leur signification exacte, présentaient de grandes difficultés, je n'ai pas pu les résoudre, je les ai masquées. C'était tout ce que je pouvais faire, et un congrès européen doit commencer par reconnaître que j'ai eu raison.

Il doit reconnaître que l'agrandissement du Piémont, que les concessions dans les autres pays, c'est tout ce que l'Italie peut espérer pour son indépendance, pour sa liberté ; qu'une confédération ayant le pape au faîte et l'Autriche à la base, ce serait la meilleure, la seule manière de constituer sa nationalité. Tout cela est déjà décidé et vous n'aurez qu'à le sanctionner.

Mais contre mon attente, et contre l'attente de mon nouvel allié, l'empereur d'Autriche, personne n'est content de nos arrangements, princes et peuples se refusent également à y souscrire. Nous croyions avoir rendu l'Italie à la paix, à une position normale de tranquillité et d'ordre, avoir garanti l Europe des dangers qui la menaçaient de ce côté, et voici au contraire que les embarras sont plus grands qu'ils ne l'étaient avant la guerre.

Ni mon auguste allié, ni moi, nous n'avons pas à nous deux assez de force morale pour écarter tant de difficultés, venez nous aider.

Je ne puis me servir de la force matérielle, ni permettre à l'Autriche de le faire, cela ferait trop mauvais effet, et j'ai trop souvent répété le contraire : venez nous prêter votre force.

Enfin, puisqu'il faut le dire, nous nous sommes trompés, venez y remédier.

Ce qui pourrait se traduire: « par notre faute « nous nous trouvons dans un guêpier, soyez « assez bons pour nous en tirer. »

Voici ce qu'aurait dit la France dans l'hypothèse que nous discutons. Vous paraît-il qu'il soit de la dignité d'une grande nation de tenir un pareil langage? Ce serait donner gain de cause à tous les ennemis de sa politique; ce serait admettre la vérité de toutes les accusations qu'on porte contre elle.

Mais si la France ne peut avoir dit cela, c'est

que la réunion qui va avoir lieu n'a pas ce but qu'on voudrait lui assigner.

Voyons pour l'Autriche.

Si l'Autriche avait convoqué le congrès à l'objet de parer aux difficultés survenues ensuite de la paix de Villafranca, voici quel aurait dû être son langage vis-à-vis de l'Europe.

Vous m'aviez depuis longtemps conseillé de renoncer à mes possessions italiennes, cause de troubles continuels dans la Péninsule, occasion de dangers pour l'Europe ; je n'ai pas voulu vous écouter. Insultée par le Piémont, menacée par la France, vous me disiez de patienter ; j'ai voulu faire autrement. J'ai passé la frontière, et j'ai marché sur Turin.

Bientôt, j'ai dû revenir sur mes pas ; et, de retraites en retraites, je me suis replié jusqu'à l'Adige. J'espérais toujours en votre intervention ; j'ai compté que l'Allemagne tout entière viendrait à la rescousse, mais on m'a laissée seule, seule et menacée par les différentes nationalités réunies sous mon sceptre, seule contre la France et la révolution ; perdue c'est-à-dire, si la générosité de l'empereur des Français n'était venue à mon aide.

Certainement, au moment de signer la paix, j'aurais pu réclamer l'intervention des autres puissances, mais cela ne convenait pas à la France ; et moi, du reste, j'étais blessée de leur conduite à mon égard. Nous avons voulu arranger le tout à nous deux : nous avons eu tort, je l'avoue, car nous voilà obligés de demander votre secours ; mais nous avons cru bien faire.

Nous croyions que les Italiens auraient été contents de la cession de la Lombardie et qu'ils m'auraient laissée régner tranquillement à Venise ; au contraire, jamais la possession de la Vénétie n'a été plus menacée qu'elle ne l'est à présent.

Nous croyions que les Italiens, dont jusqu'ici on avait puni comme des crimes toute aspiration à la nationalité, voudraient se contenter d'une apparence quelconque d'organisation nationale; mais, au contraire, jamais ils ne se sont montrés si absolus sur ce point.

Nous croyions, qu'en vue du sacrifice que je faisais de la Lombardie, les princes de ma famille remonteraient sans trop de difficulté sur les trônes dont la révolution les avait chassés; et voilà la révolution qui menace, au contraire, de déposséder aussi les autres princes qui ont montré de la sympathie pour ma cause.

Nous croyions que les autres nationalités sujettes, abandonnées par la France, se seraient tenues tranquilles; et voici que la Hongrie est plus turbulente que jamais, les Croates se rapprochent des Magyares, les Roumains se proposent de détacher leurs provinces de l'Empire.

Si tels devaient être pour moi les résultats de la paix, mieux valait continuer la guerre. J'aurais préféré jouer mon va-tout plutôt que me voir avilie, amoindrie, exposée à des dangers toujours croissants. Venez, je vous en prie, me retirer du mauvais pas où je me trouve, pour avoir fait la guerre contre vos conseils et la paix sans votre concours.

Mon nouvel allié m'avait bien promis d'aider de tout son pouvoir à l'exécution des conditions sur lesquelles nous étions tombés d'accord; je ne puis pas douter de sa bonne intention, mais il est, je crois, aussi embarrassé que moi. Toute notre autorité n'a fait qu'empirer le mal : Prêtez-nous la vôtre.

L'empereur des Français ne peut me garantir et rétablir l'ordre et la légitimité en Italie par son armée; il se mettrait trop ouvertement en opposition avec des paroles et des actes encore trop récents : Venez à notre secours.

Je ne puis pas me servir de mon armée, je courrais le risque de mettre dans un nouvel embarras mon auguste allié. De plus, je serais menacée par la révolution, à Venise comme à Pesth, à Inspruch comme à Vienne : Sauvez-moi.

Ce que nous avons fait est un fait accompli que nous ne pouvons permettre de discuter, mais puisque nous ne savons pas nous débarrasser au milieu de ses conséquences : Venez y remédier.

Ce qui pourrait se traduire : « Par notre « faute nous nous trouvons dans un guêpier, « soyez assez bons pour nous en tirer.

Que dites-vous d'un pareil plaidoyer ? Vous paraît-il digne d'une grande puissance ? Croyez-vous que l'Autriche pourrait, sans dechoir, prendre une position si avilissante vis-à-vis de l'Europe ? Elle confesserait ses torts, avouerait sa faiblesse, montrerait ses craintes. Non, une grande puissance ne fera jamais cela, elle préférera risquer le tout autrement, car, en faisant cela, elle aurait déjà tout perdu, renonçant à son rang.

Voilà pourtant ce qu'aurait dit l'Autriche ; si, en convoquant le congrès, elle en avait restreint le but selon l'hypothese que nous discutons, son invitation n'aurait pas d'autre signification possible. C'est pourquoi nous concluons encore une fois : si l'Autriche n'a pas pu dire cela, c'est que le but du congrès n'est pas celui qu'on a voulu lui assigner.

Nous disons encore que ce ne peut être là son objet, car autrement les autres puissances auraient refusé, ou au moins auraient dû refuser d'y intervenir. Si on ne veut les croire tout-à-fait oublieuses de leur dignité dans le passé et dans l'avenir, on doit convenir qu'elles auraient répondu :

Vous avez fait une guerre que nous avons désapprouvée, et vous l'avez terminée par une paix dont vous ne nous avez pas même prévenues; et c'est pour assurer l'exécution de cette paix, pour vous tirer des embarras qu'elle vous donne, que vous nous appelez à intervenir? Mais ces embarras sont la conséquence d'avoir repoussé les conseils que nous vous avions donnés, d'avoir méprisé les avis que nous aurions pu vous donner.

Sommes-nous les exécuteurs de vos hautes-œuvres? Pourquoi viendrons-nous accepter aujourd'hui la solidarité de la responsabilité de vos actes? C'est à vous et à vous seuls de la subir. Vous venez nous dire que personne n'est content de ce que vous avez fait, comment prétendre de faire partager à toute l'Europe le blâme et l'impopularité qui pèsent sur vous?

Que la question italienne intéresse toute l'Europe, c'est vrai, et c'est pourquoi nous ne voulions permettre qu'elle fût résolue par deux seules puissances c'est pourquoi nous voulons encore moins nous permettre de garantir l'accomplissement de ce que ces deux puissances ont cru devoir faire.

Imaginez-vous vraiment d'avoir résolu la question italienne? Non, vous ne pouvez pas le croire. Si cela était, l'Italie serait tranquille aujourd'hui, vous n'auriez plus à vous en occuper, vous n'appelleriez pas toute l'Europe à la rescousse, vous vous contenteriez de nous inviter à vous applaudir.

Ce n'est pas dans un agrandissement plus ou moins grand du Piémont, dans la diminution du nombre des Etats, dans des formes plus ou moins larges du gouvernement, que consiste la question italienne; elle n'est pas une question d'intérieur, mais de nationalité, et vous n'avez rien fait pour la résoudre. Et vous voudriez qu'en la préjugeant nous prissions part aux arrangements que vous avez imaginés, pour nous trouver le lendemain en face de la question vraie, et qui grâce à vous, a pris aujourd'hui des proportions bien autrement imposantes que celles qu'elle avait avant votre guerre, bien autrement graves pour le repos de toute l'Europe.

Nous interviendrons, mais ce sera alors que les funestes conséquences de votre ouvrage auront prouvé au moins clairvoyant sa valeur.

Nous interviendrons quand les résultats auront prouvé aux gouvernements et aux peuples qu'on ne peut avoir aucune confiance en vous.

Nous interviendrons, non appelés par vous, mais de notre propre autorité comme représentants de l'Europe, contre vous s'il le fallait.

Nous interviendrons, mais ce ne sera pas pour garantir votre œuvre, ce sera pour la détruire ; ce ne sera pas pour tâcher d'arranger ce que vous avez fait, ce sera pour faire ce que vous n'avez pas fait : ce sera pour résoudre la question italienne.

Voilà ce qu'aurait dit, ce qu'au moins aurait dû dire l'Europe, si elle n'avait été appelée à se réunir que pour soigner l'exécution des stipulations de Villafranca. Mais nous voyons au contraire que tout le monde à accepté cette réunion, ce qui nous donne le droit de conclure encore une fois que ce n'est pas encore la mission du congrès

C'est la nationalité italienne qui a été la raison de la guerre, c'est la nationalité italienne qui n'a pas été établie par la paix, c'est la nationalité italienne que le congrès doit reconnaître. On a sacrifié des centaines de milliers de vies d'hommes, on a englouti des milliards, et rien n'a été fait jusqu'à présent. on a convoqué l'Europe tout entière, et on ne fera rien tant que la nationalité de l'Italie ne sera constituée, tant que l'Italie ne cessera d'être une simple expression géographique, comme l'appelait le prince de Metternich.

L'Italie veut être une nation ; que le congrès le sache. Elle avait autrefois abusé de ce droit inscrit par la nature sur le front de chaque peuple, et elle avait su donner une telle consistance à ses usurpations qu'il a fallu que se fasse le chaos pour les abattre. Elle ne vous demande à présent que d'en jouir comme tous les autres, sous la loi de la solidarité. Elle ne vous demande que sa place dans la famille humaine ; c'est évidemment juste et ce n'est pas neuf.

Lisez ses poètes, consultez ses historiens, écoutez ses orateurs, étudiez ses politiques, et vous reconnaîtrez que depuis quatorze siècles, ce vœu représente la volonté constante de l'Italie. Les divisions n'avaient d'autre cause : elles venaient de la différence des opinions sur les moyens plus sûrs, plus faciles de reconquérir la nationalité; et cela a duré, on peut dire, de Ghibelin jusqu'à nos jours.

Parcourez l'histoire, et vous verrez que si les Italiens, depuis les siècles les plus arriérés jusqu'à présent, ont si souvent commis la faute énorme « selon nous » d'appeler l'étranger dans leur pays, d'applaudir son intervention dans leurs affaires ; cela a été toujours dans l'espoir d'assurer leur nationalité. « Prononcez les mots *Italia, Italia,* disait un grand conquérant des temps modernes, et vous aurez toujours tous les Italiens avec vous. » Ce conseil a été suivi. Rois et tribuns, papes et condottieri, dès qu'ils ont parlé de nationalité, ont été applaudis des Alpes à l'Etna.

Nous savons que le plus souvent on s'est servi de cela comme un leurre, et que les Italiens s'y sont laissé prendre ; mais cela ne prouve que plus combien le désir de la nationalité les dominait. Ils n'ont jamais discuté ni les personnes, ni les sacrifices, ni les moyens ni la possibilité du résultat; c'est, nous oserions dire, plus qu'un besoin, plus qu'une passion, c'est une passion à l'état de délire. Ils ont toujours réclamé leur nationalité à tout prix, ont tâché de l'obtenir quand même.

Que de vertus, et disons-le aussi, combien de crimes a enfanté ce délire parmi les Italiens ; sous différents drapeaux, dans les camps ennemis, mais toujours sous la puissance d'une même idée ; depuis le brigand calabrais sous les ordres du cardinal Ruffo au chasseur des Alpes sous Garibaldi, du duc Valentino à Fitto-Speri', pas un pays ne compte autant de héros et de martyrs au service d'une idée ; de Procida à Pisacane, de Ferruccio à Balilla, d'Arnaldo à Sciessa, cette idée, nous l'avons dit, est toujours la même : LA NATIONALITÉ.

On accuse l'Italie d'être un foyer de révolutions qui troublent à tout moment le repos de l'Europe. Mais examinez les causes de ces révolutions, vous n'en trouverez qu'une seule, de Masaniello, de Cola, de Rienzo, aux journées de Milan de 48, au soulèvement de 53 à ceux de cette année : LA NATIONALITÉ.

Eh bien ! ôtez la cause et vous n'aurez plus les effets. Accordez aux Italiens ce dont vous jouissez, ce qu'ils ont droit d'obtenir, ce qu'ils n'ont cessé de réclamer, ce qu'ils réclameraient toujours, et vous en aurez fini avec la révolution. Mais si vous ne le faites pas, elle restera en permanence malgré vos efforts, vos combinaisons, vos replâtrages.

Pourquoi cette passion des Italiens serait-elle éteinte aujourd'hui ou s'éteindrait-elle demain à la publication de votre décret ? Serait-ce peut-être pour avoir été si puissamment excitée dans les derniers temps ! Vous n'avez certainement pas oublié ce qui s'est passé il n'y a que quelques mois. Vous n'avez pas oublié qu'au mot de nationalité italienne prononcé par la France, l'enthousiasme a éclaté sur toute l'Italie comme une éruption de ses volcans ; que l'opposition des gouvernements,

la crainte des prisons, de l'exil, n'ont pas empêché
la jeunesse de courir aux combats et le peuple
tout entier de manifester sa joie. A ce mot, vous
avez vu oublier des rivalités séculaires et de plus
récentes injures; les divisions des partis s'eva-
nouir, les defiances se taire, et des trônes disparaître sans luttes, comme le brouillard à l'approche
du soleil, et l'ordre succéder à la révolution sans
secousses, comme le monde au chaos, au *fiat* de
la création

Et si vous regardez au calme présent, c'est encore la plus grande preuve de cet immense empire exercé sur les Italiens par l'idée de leur nationalité: car on leur a dit que de cette manière
elle leur serait garantie par l'Europe, et que faisant autrement il la compromettraient.

C'est à cela et à cela seul qu'on doit l'appa-
rente tranquillité de la Vénétie; on doit à cela
que les bourreaux de Pérouse soit encore impu-
nis. Le pape doit à cela qu'une partie des provinces de l'Etat tolère encore, quoiqu'en fré-
missant, le joug des prêtres; et on doit à cela,
et non à la puissance du Bourbon de Naples avec
ou sans Suisses, si les Italiens du midi n'ont pas
encore donné la main aux Italiens du nord.

Mais, gare! s'ils se trouvaient déçus de leur
confiance, la vapeur est condensée et prête à mettre la machine en mouvement, c'est une soupape
de sûreté à laquelle en attendant on donne une sor-
tie; fermez la soupape et retenez la machine, et
vous ne pourrez empêcher l'explosion; c'est à
prévoir qu'elle sera terrible, et personne ne peut
dire jusqu'où arriveront les éclats.

On répondra: l'Europe entière d'accord saura
bien contenir les Italiens. Mais l'Europe sera-t-
elle tout entière d'accord pour commettre cette
grande injustice de leur refuser ce qui leur appartient, de refuser à un peuple le droit de vivre,
car la nationalité est la vie des peuples? Nous ne

voulons pas faire à l'Europe une pareille injure,
et réfléchissez à l'effet que cela produirait en Italie,
si une seule puissance ne voulait pas signer ce
pacte d'infamie.

Admettons que toute l'Europe officielle soit
d'accord pour sanctionner la spoliation des Italiens, admettons que les autres peuples laissent
accomplir ce nouveau crime, admettons que la
résistance de l'Italie soit vaincue par une force
prépotente; et après? Est-ce que la question italienne sera résolue? Depuis quand la force agis-
sant contre le droit a-t-elle établi quelque chose
de durable? Et cependant on en a fait bien souvent des expériences.

La force à elle seule peut détruire, mais elle
ne créera jamais. L'ordre de Warsovie régnera
en Italie, grâce à vos baïonnettes; dès qu'elles se
retireront, la révolution éclatera. La révolution
éclatera dès que l'accord qui aurait pu avoir lieu
entre les puissances viendra à cesser; et, vous
le savez, ces accords ne sont pas d'ordinaire très-
durables.

Et, en attendant, vous aurez à comprimer, à
comprimer toujours : marchant en avant aujour-
d'hui, retournant demain sur vos pas, avec une
potence à votre gauche, une guillotine à votre
droite, car au moindre relâche dans l'oppression, les Italiens, avec cette persévérance dont
ils donnent l'exemple depuis des siècles, proteste-
raient encore énergiquement. Le beau rôle que
se réserverait l'Europe.

Et cela non pour résoudre, comme nous le di-
sions, mais seulement pour ajourner la question
italienne. Le beau résultat! Et il vaudrait bien la
peine pour l'obtenir de s'exposer à la réprobation
de tout homme de cœur, au pilori de l'histoire,
à l'exécration et au mépris de tout un peuple!

Car vous serez méprisés et haïs Et si un jour,
instruits par les funestes conséquences de votre

politique, vous compreniez à la fin que ce qui
est juste est aussi le plus adroit; si vous vouliez
alors intervenir encore pour éviter les malheurs
d'une révolution violente, ce que vous pourriez
et que vous devriez faire aujourd'hui, personne
alors ne voudrait vous écouter.

On vous répondrait: Nous avions fait appel au
droit; de faux calculs d'une politique déloyale ont
par la violence fait triompher l'injustice; pour
que le droit triomphe, nous en appelons à la
force; et si la violence des passions, aigrie par
vous, en fait un mauvais usage, nous en regret-
terons les résultats, mais ce sera votre œuvre
qui en aura été la cause.

Nous le répétons encore une fois . la nationalité
italienne est le seul objet qu'un congrès européen puisse se proposer, le seul digne de lui, le
seul efficace dans le présent et pour l'avenir.

Mais que dira la France, qui a signé la paix de
Villafranca, et l'Autriche, que dira-t-elle ?

La France dira :

Depuis plus d'un an je répète à l'Europe
que la question italienne est menaçante, et
qu'au point de vue du droit autant qu'à celui
des intérêts, elle réclame une prompte solution.
J'ai toujours déclaré que cette question se résumait
à un seul mot : nationalité; et tant que ce mot ne
sera pas une vérité pour l'Italie, l'Europe sera
coupable et elle ne sera pas tranquille. On n'a pas
voulu me croire ; j'étais prête à réunir un congrès, on m'en a empêché par toutes sortes de chi-
canes.

J'ai voulu montrer à l'Europe que puisqu'elle
me refusait son concours pour une œuvre de
justice et d'ordre international, j'étais assez puis-
sante pour l'accomplir à moi seule et mes armées
ont franchi les Alpes.

Et après, êtes-vous si sûr chacun chez vous
pour pouvoir tout oser chez les autres ? Nous li-

sions dernièrement dans un journal que le comte Walewski, à qui on faisait observer que la France se trouvait placée entre une excommunication et un poignard, aurait répondu : « Eh bien, ma foi, nous choisirons le poignard. » Ce serait là une question de goût; mais il ne s'agit pas de poignard, il s'agit de massacrer un peuple ; et, s'il est faux, selon nous, que les individus morts ne reviennent pas, il est bien sûr que les peuples assassinés reviennent toujours : ce sont de terribles revenants.

On sait ce qui est arrivé. Au pas de course, je suis arrivé à l'Adige, comptant les victoires par d nombre des combats. Selon l'opinion de tous les hommes compétents, les forteresses, au sein leesquelles tombaient déjà mes boulets, ne pouvaient tenir que quelques semaines. Un mot de moi, et les derniers obstacles, dans l'Italie méridionale, auraient disparu ; une marche en avant, et j'étais à Venise. Le programme de Milan aurait reçu une entière exécution.

Je ne l'ai pas voulu. J'avais voulu apprendre à l'Europe qu'on ne méprise pas impunément les conseils de la France, lui prouver mon pouvoir, non pas en abuser; je n'ai jamais voulu trancher du fil de mon épée ce nœud qui est du devoir collectif de l'Europe de défaire, puisque c'est par son fait qu'il existe. Je me suis arrêté, j'ai fait taire le feu de mes artilleries et à ma voix l'élan des populations a été contenu; j'avais prouvé ma force, j'ai voulu prouver ma modération.

Moi, le vainqueur de Solferino, j'ai moi-même le lendemain offert la paix au vaincu de la veille. On avait combattu vaillamment des deux côtés, les conditions de la paix ne pouvaient être que telles qui conviennent à des braves qui ont appris à s'estimer mutuellement.

J'ai voulu sauvegarder l'honneur d'une grande puissance, adhérant aux conditions qu'elle acceptait; j'ai sauvegardé l'intérêt de l'Italie par une seule condition, que j'ai exigée à tout prix, c'est qu'on ne s'imposera jamais par les armes à la volonté des Italiens. Par le fait d'une confédération la nationalité italienne était reconnue en principe la classe sus-mentionnée laissait le champ ouvert à tous ses développements.

Mais ces développement ne peuvent s'obtenir dans les limites restreintes des stipulations de Villafranca. Ces limites, je n'aurais pu les refuser qu'à condition de m'affranchir de tout égard pour l'Europe, et poussant les choses à l'extrême, arbitrer à moi tout seul sur la question italienne. C'est pourquoi j'ai déclaré les premiers jours la nécessité d'une réunion des représentants de toutes les puissances; aux Italiens, surpris et mécontents de la paix de Villafranca, j'ai conseillé la modération, je leur ai répété d'avoir confiance en moi et dans le congrès qui allait se réunir: ils attendent

Car ce congrès n'est pas appelé à ratifier ce que nous avons fait l'Autriche et moi; mais à obtenir ce que je n'ai pas voulu exiger dans ma modération de vainqueur, ce que l'Autriche n'aurait pu accepter dans sa dignité de vaincu; il doit obtenir ce qui, fait par nous exclusivement, aurait donné lieu à des réclamations de la part des autres puissances, réclamations que nous avons voulu éviter; ce que cependant nous avons établi en principe : la nationalité de l'Italie.

Et voilà le problème à résoudre que je propose à l'Europe c'est le même que je lui avais proposé et qu'elle a rejeté par une fin de non-recevoir. C'est la seconde fois que j'en appelle à elle et cette fois après lui avoir prouvé qu'il n'a dépendu que de moi de me passer de son secours, je ne le réclamerai pas une troisième et je ne faillirai à mes promesses.

Un pareil langage vous paraîtrait-il indigne de

la France ? Ne serait-il pas au contraire celui qui convient à une grande nation, le seul qui lui convienne dans la position qu'elle s'est faite, le seul qui puisse concilier ses engagements précédents et ses actes postérieurs? On reproche à la France de s'être aidée de la nationalité italienne, comme d'un prétexte au service des vues d'une politique tortueuse; un pareil langage répondrait à un reproche. La déloyauté dont on l'accuse recevrait un démenti. La modération par laquelle elle a expliqué sa conduite deviendrait une vérité.

Mais l'Autriche Pourrait dire :

Je ne pouvais rester plus longtemps sous le coup des insultes et des menaces d'une puissance de second rang, qui, étant à ma frontière, entretenait le trouble dans mes Etats. Mes remontrances réitérées n'ayant eu aucun résultat, j'ai dû chercher à obtenir par les armes le respect auquel j'avais droit, et je suis entrée dans les Etats sardes.

C'était une querelle entre moi et le Piémont dont la France a voulu se mêler; je ne pouvais sans couardise reculer devant ce nouvel adversaire. Elle avait inscrit sur son drapeau des maximes que je ne pouvais accepter sans renier les principes fondamentaux de la monarchie ; elle proclamait des exigences auxquelles je ne pouvais souscrire sans déchoir, sans reconnaître mon infériorité vis-à-vis d'une puissance qui était mon égale ; j'ai préféré combattre.

La bravoure de mes troupes n'a pas compensé l'impéritie des administrateurs, de mes généraux, et le sort de la guerre m'a été défavorable. Les alliances sur lesquelles j'avais le plus compté m'ont fait défaut ; j'ai été refoulé jusqu'à l'Adige.

Je ne pouvais pour cela me déclarer vaincue, car ma position militaire dans l'Italie était encore intacte ; une armée imposante, prête à combattre, aiguillonnée par les défaites mêmes qu'elle avait

dû subir, se grossissait journellement par les
contingents qui arrivaient, et qui après avoir com-
blé les vides faits par la guerre en augmentaient
les forces.

Je ne pouvais pas me regarder comme vaincue,
car si plusieurs gouvernements d'Allemagne se
montraient oublieux de leurs engagements à mon
égard, la population tout entière me témoignait
ses chaudes sympathies. Attaquée par la France,
le soutien de la révolution italienne, j'aurais pu,
à mon tour, attaquer la France par la révolution
allemande.

Et je l'aurais fait! J'aurais épuisé jusqu'au dernier homme et jusqu'à la dernière ressource.
L'Europe aurait été embrasée; mais abandonnée
par elle, je n'avais aucun devoir à son égard.
Dans l'incendie, les chances de la guerre auraient
pu changer, et, si j'y avais trouvé la mort, je
serais au moins tombée avec honneur. Voilà ce
que je me serais dit si le vainqueur avait voulu
m'imposer sa loi.

Mais, au contraire, il m'a lui-même offert la
paix, à des conditions onéreuses, il est vrai, mais
qui sauvegardaient ma dignité et respectaient les
principes; je l'ai acceptée. Il a renoncé à ses exigences, j'ai pu accepter ses concessions en
ajournant la solution de la question.

Cette question devient toujours plus menaçante
pour le repos de l'Europe, et c'est pour cela que
nous avons convoqué un congrès. On prétend que
cette question ne peut se résoudre autrement qu'en
restituant aux Italiens leur natinalité. La France
l'avait dit: c'est de cela que le congrès doit discuter et décider.

Si je n'ai pas voulu reconnaître aux peuples le
droit de décider de leur sort, je reconnais ce
droit à l'Europe monarchique, représentée au
congrès. Si je n'ai pas voulu plier devant la volonté d'une rivale, je le puis devant l'intérêt gé-

néral. J'ai résisté à la force d'un potentat, représenté par des armées, je suis prête à céder à la raison européenne, représentée par la décision de toutes les puissances.

Ce discours serait-il indigne de l'Autriche? Nous pensons au contraire que ce serait une réhabilitation éclatante d'une politique qui n'a que trop souvent mérité le blâme. L'Autriche aurait sauvegardé sa dignité pendant la guerre, elle prouverait sa loyauté dans la paix; elle garantirait, nous ajoutons, ses intérêts.

Cette puissance n'est pas assez inintelligente pour ne pas comprendre que la possession de la Vénétie lui sera toujours onéreuse moralement et matériellement. Moralement, puisqu'elle sera obligée à faire continuellement de la compression, et il n'y a rien qui use davantage le pouvoir; matériellement, car elle ne lui rendra jamais ce qu'elle lui coûtera en administrateurs, soldats et mouchards.

L'Autriche a perdu son prestige en Italie à Palestro, à Magenta, à Solferino; elle y a renoncé à Villafranca, elle l'a oublié à Zurich en marchandant sur la valeur des florins, prix de la vente de la Lombardie. Après de pareils faits, elle doit comprendre qu'elle ne reconquerra pas ce prestige en tenant garnison, même dans le quadrilatère.

Elle doit comprendre qu'à la première révolution, au premier remaniement européen..... que dis-je? Dès que l'Italie aura pu se donner, même sans cela, une organisation sérieuse, la Vénétie est perdue pour elle, perdue sans espoir d'une compensation quelconque, espoir qu'elle peut garder devant un congrès.

Il faut que la Vénétie soit perdue pour l'Autriche, sans quoi il n'y aura pas de nationalité italienne. C'est là un des obstacles dans la résolution de la question; l'autre, c'est le pape. Otez ces deux obstacles, et la question est tout de suite résolue ; mais si vous les respectez, la résoudre est impossible.

Une nation n'existe pas sans son indépendance, et il n'y a pas d'indépendance tant qu'une autre nation en retient une partie sous sa domination directe, et qu'elle peut à sa volonté peser sur le reste. Cela se vérifie à l'égard de l'Italie pour l'Autriche, pour le pape.

Pourra-t-on jamais dire que l'Italie jouit de sa nationalité tant que l'Autriche en possédera une partie ? Est-ce que les Vénitiens ne seraient plus Italiens ? Et les quatre forteresses ? Nous avons dit que tant que l'Autriche y restera en garnison, elle pourra, de leurs remparts, reconquérir ce prestige qui garantissait son influence sur les gouvernements italiens. Mais qui nous assure qu'à la première occasion dans laquelle les arrangements que les Italiens pourraient prendre entre eux ne lui conviendraient, ses forteresses ne deviendront pas une porte d'où déboucheront sur le reste de l'Italie toutes les forces de l'empire, et peut-être en seconde ligne celles de l'Allemagne ? Quelle garantie pour l'indépendance italienne ?

Mais le pape est un prince italien. Le pape ! il l'est encore moins que l'Autriche Il est prince cosmopolite, prince catholique, pourquoi devrait-il s'imposer à la nationalité italienne ? Il a dit lui-même, il a répété maintes fois qu'il a deux cents millions de sujets ; il nous paraît qu'il y a là de quoi se contenter sans en choisir trois millions seuls sur lesquels on fait peser une oppression toute particulière.

Et ces pauvres vingt-cinq millions d'Italiens, que voulez-vous qu'ils fassent contre les cent soixante-quinze millions de sujets qui restent au pape ? Ils seront écrasés par eux à la première occasion, l'histoire en fournit des exemples.

La première fois que les Italiens voudront faire
quelque chose qui ne conviendra pas au pape ou
à ses cardinaux, ou à la congrégation de l'index,
ou à celle du saint-office, il en appellera aux
autres cent soixante-quinze millions de ses sujets.
Si, par exemple, la conscience des Italiens les por-
tait à accepter la confession d'Augsbourg, cent
soixante-quinze millions de catholiques vien-
draient renouveler en Italie les dragonnades des Cé-
vennes. Est-il possible de concevoir une nationalité dans des conditions pareilles?

S'il est démontré, si l'Europe est convaincue
que la question italienne ne peut être résolue qu'en
réstituant à l'Italie la place qui lui appartient parmi les nations; s'il est admis que sans une résolution de cette question le repos de l'Europe sera
incessamment troublé; s'il est évident que pour
que l'Italie soit une nation indépendante, puisse
en exercer les droits, en accomplir les devoirs,
il faut qu'elle soit délivrée de la domination catholique dans le centre, de celle des Autrichiens dans
le nord : l'intérêt européen est d'accord avec la
justice pour exiger que l'Autriche et le pape, ces
deux puissances étrangères, cessent de régner en
Italie.

J'entends dire qu'on peut trouver une con-
ciliation en faisant des possessions autrichiennes
et papales, dans la Péninsule, des Etats exclusivement italiens, en les séparant en quelque sorte
du reste de leur puissance.

L'Autriche n'aurait en Italie qu'une armée italienne, une administration spéciale entièrement
séparée de celle du reste de l'empire, des em-
ployés, tous Vénitiens, une flotte payée, comman-
dée et servie par des Italiens, une finance italienne.

C'est-à-dire qu'elle ne pourrait, dans aucun
cas, envoyer en Italie ni un soldat ni un adminis-
trateur, ni un juge du reste de l'empire; et elle

ne pourrait se servir de la flotte autrement que pour les intérêts italiens ; elle ne pourrait employer les soldats vénitiens pour contenir ni les Magyars, ni les Slaves, ni les Polonais, ni les Bohêmes. Elle ne pourrait se servir des ressources de la Vénétie pour les besoins du reste de l'empire, et au-delà de ce qui aurait été assigné à l'empereur comme roi, prince ou duc de Venise. Elle ne pourrait en tirer un simple kreutzer.

Pour le pape, on lui permettrait d'avoir des prélats, des cardinaux de tous les pays pour le service de l'église, mais il n'aurait pas le droit de rien distraire du revenu de l'Etat pour les payer ; mais ceux-là seulement qui appartiennent à l'Etat auraien le droit d'y exercer des fonctions civiles. L'Etat devrait être exonéré de toutes sortes de frais religieux qui sont à sa charge; il ne devrait soutenir que ceux de son culte intérieur. Les citoyens de l'Etat pourraient seuls en former l'armée, l'autorité civile deviendrait indépendante de l'autorité religieuse ; les ecclésiastiques ne seraient plus que des citoyens, c'est-à-dire la papauté devrait renoncer à la plus grande partie au moins du gouvernement ecclésiastique, car elle n'aurait plus le moyen d'en faire les frais, c'est-à-dire qu'elle devrait renier ses principes, selon lesquels ce n'est ni au pape ni au clergé italien qu'appartient l'Etat, mais à la famille ecclesiastique tout entière. Elle devrait renoncer dans son propre Etat à la supériorité religieuse, aux privilèges, qu'elle retient du droit divin, qu'elle réclame comme son propre droit, qu'elle cherche à étendre sur toute la terre, qu'elle a réussi en plusieurs circonstances à faire respecter dans les autres pays.

Le pape ne pourrait, dans aucun cas, avoir recours aux puissances catholiques pour tout ce qui regarde son pouvoir temporel en Italie, ni aux Italiens, comme prince temporel, pour tout ce qui regarde son pouvoir religieux.

Si c'est ainsi qu'on entendrait une neutralisa-
tions, qui ne serait qu'une mystification, nous
demanderons si l'on croit possible de l'obtenir.
Pour ce qui regarde l'Autriche, nous croyons
qu'elle ne voudrait pas l'accepter ; pour ce qui regarde le pape, nous sommes sûr qu'il s'y refu-
serait.

Une pareille solution rencontrerait dans son exécution, nous ne disons pas autant, mais nous
croyons pouvoir dire plus de difficultés que la
cessation absolue en Italie des deux dominations
papale et autrichienne, et elle n'aboutirait qu'à un
expédient dilatoire ; il est bien facile de le dé-
montrer.

Ou l'Autriche et le pape se tiendraient exacte-
ment aux résolutions du congrès et les exécute-
raient religieusement, ou ils chercheraient à les
éluder, à les enfreindre.

Dans le premier cas, tout le monde est convaincu d'avance que les deux gouvernements seraient renversés dans quelques mois, dans quelques semaines peut-être. Et l'Europe, ayant déclaré que c'était aux Italiens de régler par eux-
mêmes les questions intérieures de leur nationalité, n'aurait rien à y voir. Dans le second
cas elle serait appelée à intervenir pour garantir
l'exécution de ses décisions.

Dans l'un comme dans l'autre de ces deux cas,
la position, loin d'être meilleure, serait plus embarrassante qu'elle n'est aujourd'hui. Pourquoi
l'attendre ? Ne serait-il pas plus prudent de résoudre la question définitivement et d'un seul
coup ?

Mais comment obtenir de l'Autriche qu'elle re-
nonce à la Vénétie ? Nous répondrons. Il y a cinq
mois, la France toute seule a pu obtenir qu'elle
renonçât à la Lombardie, l'Europe tout entière ne
pourra-t-elle en faire autant ? A Zurich, l'Autriche a fait un marché, dont au bout du compte

nous croyons qu'elle n'a pas raison d'être trop mécontente.

Elle pourra bien en conclure un autre, et, nous l'espérons, à des conditions moins avantageuses. Il est bien sûr que dès le commencement elle montrera le désir de l'éviter, mais elle ne pourra ni ne voudra s'opposer à la ferme volonté de l'Europe. Elle discutera les conditions et finira par accepter celles qu'on aura reconnu juste de lui accorder.

Pour le pape, les difficultés sont plus grandes, nous nous hâtons de l'avouer; mais elles ne sont pas insurmontables selon nous; et nous ajoutons qu'elles perdront la plus grande partie de leur force du moment qu'on voudra substituer la vérité des aphorismes de convention, et mettre dans le domaine de la loi ce que la conscience générale a déjà reconnu appartenir à celui de la justice.

On dit que le pape, comme chef de la religion catholique, doit être indépendant et que pour qu'il le soit il faut qu'il possède un Etat. Or, comme il paraît difficile de lui en trouver un ailleurs, car son gouvernement n'est pas assez généralement désiré, on en conclut à la nécessité qu'il garde celui qu'il a en Italie.

Les Italiens protestent contre une pareille conclusion en demandant quel est leur crime pour être condamnés à servir de chiourme dans cette galère, parce que personne ne veut s'y enrôler: mais laissons la conclusion de côté et examinons les prémisses.

Le chef de la religion catholique doit être indépendant dans l'exercice de ses fonctions religieuses; nous l'admettrons volontiers, de la même manière que, selon nous, chaque évêque, chaque prêtre doit l'être dans l'exercice des siennes.

Rome, qui est toujours logique dans ses usurpations, en réclamant une souveraineté absolue pour le pape, a toujours soutenu que l'Eglise devait être regardée comme souveraine dans tous les pays, pour que ses membres fussent partout indépendants des gouvernements locaux.

Cette doctrine, qui fondait un Etat dans chaque Etat, à la réalisation de laquelle la papauté travaille toujours, n'a pas encore été accueillie; on a pu lui faire des concessions, mais on a refusé d'en admettre le principe. Pourquoi l'admettre et en faire une application exclusive à la personne du pape?

On dira que le pape, comme chef, a besoin d'une indépendance plus forte que celle dont jouissent les évêques. Il nous serait facile de prouver, les livres saints à la main, que sans même parler de la réunion générale des fidèles, du presbytériat, c'est certainement dans l'épiscopat et non dans la papauté que s'est résumée l'organisation substantielle, dogmatique de l'Eglise; la papauté n'en représente qu'une forme, une discipline. C'est pourquoi il serait parfaitement illogique de ne pas garantir à chaque évêque une indépendance pareille à celle qu'on reconnaît nécessaire de garantir au pape.

Mais il vaudrait mieux, peut-être, laisser de côté ce genre d'argumentation, qui nous conduirait au-delà de ce que nous nous sommes proposé d'examiner, car on finirait par se demander si dans les intérêts généraux et pour ceux de la religion en particulier, il ne vaudrait pas mieux se passer d'un pape. A vrai dire, cela simplifierait beaucoup la question; mais n'en parlons pas: abandonnons les évêques à leur position, reconnaissons qu'il faut assurer au pape une pleine liberté d'action.

Quand on parlera de liberté, on nous trouvera toujours prêt à applaudir; nous ne reconnaissons à la liberté qu'une limite, la liberté des autres. Tant que le chef de la religion catholique ne viole pas la liberté des autres, qu'il soit garanti dans l'exercice de la sienne : c'est, du reste, ce que nous demandons pour tout le monde.

Mais c'est précisément à cause de cela que nous protestons contre le pouvoir temporel du pontife. C'est parce que par ce pouvoir il viole la liberté des autres, c'est que ce pouvoir enchaîne la sienne.

Est-il, oui ou non, dans la liberté de chaque homme, bien que catholique, et sauf les peines spirituelles qu'il aura pu encourir, de faire gras le vendredi, de ne pas jeûner le carême, de ne pas se confesser à Pâques, de changer de religion et devenir protestant, juif ou mahométan? Nous devons croire que oui, car nous voyons que dans les pays qui se disent le plus catholiques, on laisse faire cela à qui veut sans l'inquiéter, regardant ses actions comme de la compétence exclusive de la conscience des confesseurs et de Dieu.

Est-il, oui ou non, dans la liberté individuelle de chacun de se marier avec la femme de ses affections, en observant les formes que la société a prescrites, et, quelle que soit leur religion, d'élever leurs enfants? Nous croyons que oui, car dans tous les pays catholiques, Rome exceptée, si quelqu'un veut me voler mon enfant, je puis être excusé de le défendre à outrance; s'il me l'a enlevé et que j'aie recours aux tribunaux on enverra aux galères le ravisseur.

C'est pourquoi nous disons que la liberté d'action qu'on prétend garantir au pape par le pouvoir temporel, viole la liberté d'autrui et franchit les limites que la liberté pose à la liberté. Car c'est grâce à son pouvoir temporel que le pape met en prison celui qui a fait gras le vendredi, qui a mangé une once de trop à son déjeûner pendant le carême, qui ne s'est pas confessé à Pâques.

Grâce toujours à son pouvoir temporel, le pape envoie aux galères ou fait disparaître dans les *vade in pace* de l'inquisition ceux qui changent de religion ; fort de son pouvoir temporel, il déclare nuls les mariages qui ne sont pas faits selon les lois de l'Eglise, flétrit l'honnête mère de famille du nom de prostituée, et condamne les enfants à la misère et à la honte, en les stigmatisant de la qualification de bâtards.

C'est grâce au pouvoir temporel que les papes exercent dans les Etats romains, qu'on a poussé l'infamie jusqu'à enlever le jeune Mortara à ses parents, de violenter sa conscience, de le soustraire à la religion de ses pères. Un pareil attentat n'aurait pu être même imaginé partout ailleurs où un prêtre n'aurait pas réuni dans ses mains le gouvernement d'une Eglise et celui d'un Etat. Et combien de Mortara ont été enlevés sans qu'on en ait parlé? combien de crimes ignorés ou connus, car nous n'avons fait que choisir un exemple, ont été commis sous prétexte de religion et sous la protection de la souveraineté du pape, et ont été la conséquence directe, et, nous ajouterons nécessaire de cette souveraineté?

Voilà la liberté d'action qu'on garantit, passons à celle qu'on ne garantit pas, quoiqu'on dise par la souveraineté temporelle.

Si Napoléon III, ou la reine Victoria, ou l'empereur Alexandre, voulaient céder leurs trônes au souverain pontife, nous pourrions admettre que son indépendance serait garantie, mais on doit reconnaître que cette hypothèse est peu probable. Le pape, souverain de la France, de l'Angleterre ou de la Russie, opprimerait un peu plus, mais serait libre d'opprimer comme il l'entendrait. Le chef du catholicisme, du haut des palais d'hiver des Tuileries ou de Saint-James, n'aurait rien à craindre pour son pouvoir temporel des résolutions qu'il croirait pouvoir dicter dans l'intérêt religieux.

Mais le pape est à Rome, la ville des grands

souvenirs et pourtant la capitale d'un très petit
Etat. Rome a été la base, le point de départ, elle est
toujours le soutien des conquêtes, qu'on nous
permettra d'appeler les usurpations de la papauté.
Ce grand nom a ébloui les faibles, dont la papauté s'est servie pour s'imposer aux puissants, et
c'est en liant ses intérêts avec les leurs qu'elle a
pu cimenter sa puissance, se créer un royaume
qui est de ce monde.

C'est en louvoyant entre eux, en se tournant dans
la circonstance vers les déshérités, qu'elle a pu
se soutenir ; elle n'a pu se défendre qu'à condition de plier, de se dédire, de partager ses ennemis par la discorde, de se faire des amis en pros-
tituant la religion : les murs de Rome n'étaient
pas assez solides pour la défendre toute seule.

Le trône du pape est au Vatican : c'est là qu'il
règne ; c'est un palais magnifique, mais qui cependant n'est entouré que d'un peu moins de trois
millions de sujets. Et encore si ceux-là se ser-
raient autour du pape avec vénération et amour,
comme des fils autour de leur père, ce serait
quelque chose pour son indépendance. Mais, au
contraire, il est méprisé et détesté de manière
que, pour se maintenir, il en est réduit à demander protection, appui, secours de tous côtés,
aux rois de fait autant qu'à ceux qu'il dit de droit,
au républicain suisse aussi bien qu'à l'autocrate
schismatique de la Russie, à la protestante Angleterre de même qu'à la catholique Espagne et à
l'apostolique Autriche. Et vous appelez·cela de
l'indépendance !

Consultez l'histoire, et vous ne trouverez pas
un seul cas dans lequel les papes aient compromis leur puissance temporelle dans un intérêt pu-
rement religieux ; vous en trouverez mille dans
lesquels ils ont compromis la religion dans l'intérêt de la souveraineté temporelle, de manière
qu'il serait bien plus exact de dire qu'on veut que

le souverain des Etats romains soit chef de la religion catholique pour qu'il puisse par elle, à ses
frais bien souvent, défendre sa souveraineté, que
de dire que cette souveraineté lui est donnée pour
défendre l'exercice de son pouvoir religieux.

Du reste, ce n'est pas une opinion personnelle ou nouvelle que nous exprimons. Dans tous
les temps il y a eu des penseurs, des écrivains qui se sont demandé en quoi une souveraineté temporelle du pape servait au bien
de la religion; si elle n'était pas plutôt une pierre
d'achoppement à laquelle les intérêts religieux
venaient souvent se heurter et d'où ils se retiraient meurtris le plus souvent. Et un grand
nombre d'entre les catholiques, des ecclésiastiques, des dignitaires de la cour de Rome, voire
même des cardinaux, l'ont affirmé.

Il ne pourrait en être autrement, car un chef
de religion a de sa nature une force propre qui
en soutient son indépendance, un prince qui a
trois millions de sujets a besoin d'être soutenu.
Or, le faible ne peut dépenser ses forces à soutenir le fort, et c'est le contraire qui doit arriver. Quand le prince de trois millions de sujets
est en même temps chef de religion, avant de
demander appui aux autres, il doit chercher en
lui-même, et ce sera la religion qui le soutiendra, au moyen toujours de ses forces.

Regardez dans les Etats romains, c'est bien
comme souverain et non comme chef de religion
que le pape les gouverne; son système de gouvernement, il l'a répété à satiété, lui est imposé
par les nécessités de sa position politique. La
religion y a-t-elle gagné? Nous répondrons par
ses propres paroles : *Elle perd toujours du terrain.*

Voilà un exemple qui prouve de quelle manière
le pouvoir temporel vient en aide à l'exercice de
l'autorité religieuse. A moins de dire que l'autorité religieuse du pape a pour but de faire per

dre tous les jours du terrain à la religion, nous
ne saurions que conclure.

Mais ne nous arrêtons pas là. On parle d'indépendance religieuse garantie au pape par sa souveraineté. Croyez-vous, pour nous en tenir à des
faits récents, que Pie VII aurait signé le Concor-
dat, dont il s'est repenti, contre lequel il a pro-
testé, que malgré son infaillibilité, il a reconnu
nuisible à la religion, s'il n'avait eu l'espoir de
reconquérir par là sa souveraineté temporelle?

Le pape a béni le croissant et maudit la croix:
est-ce là un acte d'indépendance religieuse?
N'est-ce pas plutôt un acte de solidarité, de des-
potisme gouvernemental? Si le pape n'avait été
que chef de religion, il aurait béni ses corélignon-
naires qui mouraient pour l'indépendance de la
Grèce; il les aurait bénis en Pologne, s'il n'avait
été souverain à Rome.

Le pape, comme chef de la religion catholique,
devrait, selon ses préceptes, éviter tout contact
avec les protestants, les schismatiques, les juifs, et
cependant, lui, les reçoit à Rome, leur emprunte
de l'argent, traite avec eux; ceux-ci lui envoient
des ministres, et tout près du saint-office, il
ouvre des églises pour un culte qu'il condamne.
C'est une nécessité de sa position politique. Nous
trouvons que c'est bien, mais ce n'est certainement pas de l'indépendance religieuse.

Qu'est-ce que l'indépendance? La faculté, sans
doute, de parler, d'agir selon ses convictions. Or,
croyez-vous que le pape fût convaincu de la légitimité de la république française? Pourquoi donc
a-t-il fait bénir les arbres de la liberté? C'est
parce qu'il était souverain de Rome, et que pour
sa souveraineté il avait peur de la république.

Croyez-vous que Pie IX nourrisse une grande
affection pour Louis-Napoléon? Pensez-vous qu'il
croie à la légitimité d'un souverain élu par un
vote populaire? Non, certainement. Et alors pour-

quoi l'appelle-t-il son fils chéri et lui envoie-t-il des bénédictions par le télégraphe? Pourquoi devient il parrain de son fils? C'est qu'il espère en Louis-Napoléon pour sauvegarder sa souveraineté de Rome.

Combien de fois, et je ne parle que de nos jours, le pontife aurait dû élever les mains pour bénir, tandis qu'il les a portées à sa tête pour soutenir sa couronne princière ! Combien de fois son bras s'était armé de la foudre, tandis qu'il la fait tomber pour ressaisir son sceptre.

Et on appelle cela l'indépendance pontificale? Tout prouve, au contraire, que l'action du pontife est dépendante des intérêts du prince, et que par eux l'autorité religieuse est rivée sur la terre aux combinaisons de la politique.

Si c'est là ce qu'on veut, qu'on le dise et qu'on laisse le pape à Rome tel qu'il est : il y restera toujours, selon nous, comme un danger pour l'humanité, pour toutes les puissances, bien que chacune d'elles puisse espérer de s'en faire un instrument; mais qu'on ne nous parle pas de vouloir assurer son indépendance.

Si cependant le pape est content de cette garantie, pourquoi la discuter, nous dira-t-on? Nous répliquerons que si le pape s'en contente, cela ne prouve rien pour la vérité de la chose; et nous dirons mieux, nous dirons que cela prouve qu'au lieu de consolider le pontificat par l'annexion du pouvoir temporel, on l'a affaibli, on l'a dénaturé, puisqu'un pontife préfère ce pouvoir aux intérêts religieux. Vous avez un roi, vous n'avez plus un pape : le pallium a disparu sous la pourpre ; on a passé la houlette du pasteur à gauche, car la droite a dû soutenir l'épée.

Nous savons bien ce que les théologiens romains répondront, car ils ne sont jamais à court d'arguments quand il s'agit de défendre une mauvaise cause. Ils diront qu'il est évident que, pour conserver le pouvoir temporel, le pape doit de temps en temps sacrifier les intérêts religieux ; mais qu'il peut faire cela, parce que ce pouvoir lui donne les moyens de les défendre en mainte autre circonstance, et de réparer les brèches que lui-même aurait faites.

Que dire d'une défense pareille ? Elle est certainement valide, si on ne regarde la papauté qu'au point de vue de ses envahissements sur l'autorité civile, sur la liberté individuelle ; mais au point de vue religieux, c'est un sophisme sacrilége.

La religion catholique est-elle ou n'est-elle pas une vérité ? Si elle n'en est pas une, tout est dit ; mais si vous la croyez une vérité, vous ne devez pas oublier qu'on ne peut, dans aucun cas, transiger avec elle, pactiser avec le mensonge. Si la religion est vraie, le pape lui-même, malgré le pouvoir que lui attribuent ses théologiens, ne peut en enfreindre les règles, les préceptes. C'est au contraire sa mission spéciale, sa fonction particulière de les rappeler à tout le monde, d'employer tout son pouvoir, de donner sa vie, s'il le faut, pour que chacun les observe. Il peut subir la violence, mais non la sanctionner de ses paroles, de ses actes ; son silence, à lui seul, serait déjà un crime.

Mais pour une seule fois que vous avez manqué à vos devoirs, vous êtes déjà un ministre infidèle qui avez trahi le mandat du Seigneur, qui avez encouru sa colère, et, j'ajoute, qui avez fait à la religion plus de mal que vous ne pourrez lui faire de bien en la servant dans mille autres circonstances. A ceux qui vous disent : de cette manière vous gardez la puissance, vous devriez répondre par les paroles du Christ, auquel on montrait aussi dans la tentation les richesses de ce monde : *Vade retro Satanas.*

Voulez-vous vraiment rendre la papauté indépendante dans l'exercice de son pouvoir religieux, dans l'administration du royaume qui n'est pas de ce monde, et vous garantir en même temps contre les vues ambitieuses de la papauté? L'occasion est favorable, puisqu'il est reconnu que sa domination temporelle est la plus grande difficulté de la question italienne, que vous êtes appelés à résoudre. Otez-lui son royaume d'Italie. Voulez-vous, par la même occasion, garantir l'indépendance du clergé et soulager vos finances? Retirez le clergé de la fausse position de détenteurs qui se sentent toujours menacés d'une expropriation de fonctionnaires qui craignent la suspension ou la suppression du traitement. Vous aurez assuré l'indépendance de l'Eglise.

Le congrès n'aurait pas grand'chose à faire pour obtenir ce résultat, il n'aurait pour cela qu'à inscrire, dans le droit public européen, un principe dont la justice et la vérité sont déjà reconnues par la conscience de chacun, à savoir, que les frais de chaque religion doivent être faits par ceux qui la professent. Cela rentre dans un principe économique beaucoup plus général, et qui enseigne que le poids du service doit être soutenu par ceux qui en profitent.

Que le congrès accepte ce principe, et il se mettra dans le cas de résoudre bien plus facilement la question italienne. Le grand obstacle de la puissance temporelle du pape s'évanouira comme un fantôme; les consciences timorées seront rassurées, car la religion, délivrée de ces liens qui l'attachent à la terre, leur apparaîtra dans le rayonnement de son élévation céleste.

Que l'Etat romain, exploité par les prêtres pendant tant de siècles, retourne à ceux à qui il n'a jamais cessé d'appartenir : aux Italiens. Que les biens, dits ecclésiastiques, possédés, dans plusieurs Etats, par des main-mortes religieuses, contre tous les principes les plus élémentaires de droit, rentrent dans les domaines de la communauté, que la communauté entière cesse de payer pour ce qui ne sert qu'à une partie de citoyens.

Le pape assure qu'il y a par le monde deux cent millions de catholiques. Ne chicanons pas sur les chiffres, acceptons ceux qu'il nous donne. Eh bien! que chaque catholique soit taxé de trois francs par an pour frais de religion, dont un franc pourrait être employé pour les frais généraux du culte, un franc pour la paroisse, un demi-franc donné à l'évêque, un demi-franc au pape. Sur deux cent millions le pape aurait une rente annuelle de cent millions de francs. Or nous croyons, et personne ne voudra le contester, qu'un homme qui n'est pas souverain est parfaitement indépendant avec une rente pareille.

On n'est point pape parce qu'on est évêque de Rome, mais au contraire on est évêque de Rome quand on est pape, parce que le pape doit résider à Rome, dont il est le souverain. Dans le conclave, ce n'est pas l'évêque de Rome qui est élu, c'est le pape. Autrefois, une discussion s'est élevée parmi les théologiens pour savoir, le divorce n'étant pas admis, si un évêque élu pape pouvait renoncer à son Eglise pour épouser, comme ils disent, celle de Rome. La question, l'on devait s'y attendre, a été résolue en faveur du pape, et ensuite l'on a étendu cette résolution de manière que, dans les Etats romains particulièrement, les évêques laissent une église pour en prendre une autre, passent même d'un archevêché à un simple évêché.

Les lois de l'Eglise seraient mieux observées dans le système que nous proposons. Tranchés une fois, ces liens qui attachent la papauté à Rome, ou Rome à la papauté, si vous l'aimez mieux, il n'y a plus de raison pour que le pape soit évêque de cette ville plutôt que d'une autre. L'évêque élu pape gardera son diocèse, qui deviendra diocèse papal, neutralisé en conséquence de la juridiction du métropolitain, du primat, du patriarche. Celui de Paris pourra l'être aussi bien que celui d'Acquapendente, ou de Séville, ou de Cologne, ou de Plymouth; l'évêque élu pape y jouira des cent millions de revenu et y exercera, très-indépendamment, les fonctions de son ministère religieux.

Mais il ne pourra pas se servir du pouvoir temporel, comme il fait à Rome, pour faire respecter ses décisions religieuses. Non certainement; mais nous ferons observer que ces décisions obligent également tous les catholiques : or, de deux choses l'une, ou vous regardez le pouvoir temporel comme nécessaire au respect qui est dû à ces résolutions, et en ce cas il faudrait que le pape fût le seul souverain de tous les pays catholiques; ou vous n'admettez pas cette nécessité pour cent quatre-vingt-dix-sept millions de catholiques, et alors vous ne devez pas l'admettre pour trois millions.

On viendra nous dire : si le pape pouvait compter sur une rente de cent millions, et avoir de plus la disposition de deux cents millions pour les frais généraux de l'Eglise, il pourrait se regarder comme indépendant, renoncer à la souveraineté, et ne se trouver pas trop mécontent des résolutions du congrès. Mais qui lui garantira ses rentes? Et si les catholiques ne peuvent ou ne veulent pas les lui payer?

Nous nous attendions à cette objection et nous sommes prêt à y répondre. S'il y a des catholiques qui ne peuvent payer *soixante sous* par an, *25 centimes* par mois, pour leur religion, il y en a bon nombre qui pourraient, sans se gêner, payer plus que le double. Le précepte ou conseil de l'Evangile *quod superest date pauperibus*, n'aurait jamais eu occasion d'être mieux pratiqué, car il s’agirait de donner aux pauvres pour qu’ils pussent accomplir leurs devoirs envers l’Eglise, c’est-à-dire sauver leurs âmes. Il ne resterait que ceux qui ne voudraient pas payer.

Mais ceux-ci déclareraient par ce fait, et on pourrait même exiger qu’ils déclarassent formellement n’être plus catholiques. Cela pourrait arriver pour des cas exceptionnels, dont il ne vaudrait pas la peine de tenir compte ; mais si nous supposions que cela pût monter à des proportions effrayantes pour les revenus de l’Eglise, à cause d’une taxe de soixante sous, ce serait admettre que la foi religieuse est bien faible dans une grande partie des catholiques.

Que penser d’une religion qui ne résisterait pas à une épreuve de *trois cents centimes*. Comment! les chrétiens du Christ soutenaient les persécutions, provoquaient les tourments, allaient à la mort en chantant les louanges du Seigneur plutôt que de ne pas accomplir leurs devoirs religieux ; et les chrétiens du pape se refuseraient à payer un petit écu par an! Il faudrait convenir que la religion n’a pas beaucoup prospéré sous l’administration papale.

Du reste, le grand conseil européen ne pourrait s’arrêter à des considérations pareilles ; elles regarderaient le pape. C’est son affaire de maintenir les catholiques dans le respect de sa religion, et d’en augmenter le nombre. S’il n’y avait plus de catholiques, un pape deviendrait parfaitement inutile. De même il serait naturel que ses revenus fussent amoindris, si le nombre de catholiques devenait moindre. Il assure qu’il est souverain d’un royaume de deux cent millions, nous lui assignons un budget et une liste civile en conséquence ; si son royaume diminue, ce serait illogique qu’il prétendît les conserver dans leur intégrité.

Après avoir débarrassé l'Italie du pape et de l'Autriche, la question italienne se trouvera résolue , résolue définitivement avec l'assurance qu'on n'aura plus à revenir là-dessus. Un grand acte de justice sera accompli à l'égard des Italiens; la tranquillité de l'Europe sera garantie de ce côté, car la nationalité de l'Italie pourra être une vérité.

Et après cela, que restera-t-il encore à faire au congrès? Rien, nous le disons encore une fois, rien que de laisser aux Italiens le règlement de leurs affaires intérieures. Il aura accompli une grande œuvre, dont l'histoire gardera le souvenir; il aura rendu la vie à un peuple. Qu'il n'amoindrisse pas son ouvrage en lui empêchant de vivre à sa guise.

Quel danger peut-il y avoir de laisser aux Italiens le soin d'organiser eux-mêmes leur nationalité? Aucun, selon nous, et il y aura une grande garantie pour la tranquillité de l'avenir, car on doit au moins supposer qu'ils savent mieux que les autres ce qui leur convient.

La Lombardie, les duchés, les Romagnes ont déjà déclaré vouloir s'unir au Piémont. Très probablement la Vénétie et les autres provinces de l'Etat romain en feront autant dès qu'elles seront délivrées de l'Autriche et du pape. En quoi cela regarde-t-il l'Europe?

Plus le Piémont sera fort, moins il aura besoin de protection, et moins on aura à craindre qu'il ne serve d'instrument aux ambitions d'une autre puissance.

Il n'est pas assez fort, dans sa position actuelle, pour être un Etat indépendant; et il est trop fort pour ne pas faire pencher la balance en faveur de la puissance à laquelle il devrait s'inféoder. Voilà le danger. Mais que le Piémont soit un Etat indépendant par sa propre force, et le danger disparaîtra.

Le danger disparaîtrait aussi, même dans le cas contraire, que nous ne croyons pas possible, que nous regarderions comme une faute énorme commise par les Italiens, si au lieu de s'unir ils préféraient se confédérer par provinces. Mais admettons pour un moment que cela puisse arriver, la Lombardie se détacherait immédiatement du Piémont, la Ligurie en ferait probablement autant, la Vénétie formerait un État à part, la Toscane un autre, la Romagne un autre, ainsi du reste ; ce serait un *fac simile* de l'Allemagne sans la Prusse et l'Autriche. On a eu l'occasion d'expérimenter l'impuissance d'une pareille organisation par rapport aux intérêts généraux.

Les deux hypothèses, dans l'intérêt européen, valent l'une et l'autre mieux que l'état actuel. Mais la seconde, nous le répétons avec confiance, ne se produira pas.

Selon nous, la forme fédérative convient beaucoup mieux aux républiques qu'aux États monarchiques, et, sauf des cas exceptionnels, elle ne peut être appliquée que sur une grande étendue. Nous comprenons les États-Unis d'Amérique, ils prospèrent ; la confédération argentine ne prospère pas. Nous concevrions les États-Unis d'Europe, nous ne saurions pas nous expliquer la confédération française, ou anglaise, ou espagnole, pas plus que l'italienne ; pas plus que les Allemands ne s'expliquent, à eux-mêmes, celle de l'Allemagne, dont ils finiront par se débarrasser. Sur une petite échelle, les libertés municipales, largement entendues, peuvent assurer tous les avantages d'une confédération, sans priver de ceux de l'unité.

L'Italie est peut-être de tous les pays du monde celui qui, par sa configuration, par ses traditions, par la nature et les inclinations de ses habitants, peut le mieux prouver la vérité de ce que nous avançons.

Et l'Italie veut son unité ; on ne peut plus en douter d'après ce qui s'y fait depuis six mois. C'est son vœu ; elle l'a exprimé sur le champ de bataille, sur les places publiques de ses cent villes, dans les assemblées ; partout où une voix italienne a pu se faire entendre, elle a crié : Unité ! par les journaux parmi les peuples ; par ses hommes d'Etat dans les cabinets des princes. Si l'unité italienne n'est pas encore un fait accompli, c'est uniquement parce que l'Autriche et la papauté lui font obstacle et que l'attente du congrès leur sert de soutien. Que l'obstacle soit ôté, ou que faute de soutien il soit renversé, l'unité se fera tout de suite.

Et le royaume de Naples, dira-t-on ? Il sera, selon nous, absorbé comme tout le reste par l'unité italienne, à la grande satisfaction de ses habitants. La branche royale des Bourbons qui y règne n'en sera pas contente ; mais a-t-elle si bien mérité de l'humanité ? a-t-elle si bien mérité même de la diplomatie pour qu'on doive s'apitoyer sur son sort ?

Elle a été constamment l'alliée de l'Autriche et du pape, l'ennemie de l'Italie et de son unité ; l'Autriche et le pape s'en vont, l'Italie se relève, l'unité se fait ; la branche des Bourbons doit tomber : rien n'est plus rationnel. Si le Bourbon de Naples avait voulu, il aurait pu prendre le rôle de libérateur de l'Italie, avec bien plus de chances de succès que n'en avait le Piémont. S'il a préféré une autre position, il ne peut attribuer qu'à lui-même le sort qui l'attend, car c'est le résultat du choix qu'il a fait.

Quel scandale que celui d'une famille princière, privée de son trône ? Comme si cela était nouveau ! comme si l'on n'en rencontrait pas dans tous les hôtels des différents pays de l'Europe ! Et encore il n'y en a pas beaucoup qui aient mérité, autant que celle de Naples, qu'on s'en débarrasse.

Mais pour réunir Naples au reste de l'Italie, il faudrait une guerre. Et quand même cela serait, pourquoi l'Europe ne permettrait-elle pas aux Italiens de vider entre eux leurs querelles par les armes? Elle a été spectatrice d'une guerre entre deux grandes puissances qui menaçait de l'embraser jusqu'au cœur; pourquoi se mêlerait-elle d'une querelle qui se viderait devant elle, sans qu'aucun danger pût l'atteindre?

Mais il n'y aura pas de guerre, pas même de combat. Nous affirmons et nous ne craignons pas d'être démenti par les faits, qu'en présence de l'Europe qui aurait déclaré accepter le rôle de spectatrice, ayant la conscience de l'exécration dont il est l'objet, sachant que le reste de l'Italie s'avance en armes pour soutenir le vœu et les droits des Napolitains, le roi de Naples abandonnera son royaume sans même chercher à se défendre. Il fera ce qu'ont fait les ducs, les grands-ducs, ce que le Pape aurait fait s'il n'avait eu un factionnaire français à la porte pour le protéger contre ses sujets. Le roi de Naples ne fera ni plus ni moins que Florestan de Monaco le jour où l'Italie voudra s'occuper de la maison de jeu où règne ce dernier; le roi de Naples s'en ira, et l'unité de l'Italie sera une réalité.

Nous n'avons jamais pu comprendre l'intérêt que pourrait avoir l'Europe à empêcher l'unité de l'Italie, tandis qu'au contraire il nous paraît évident que cette unité serait, sous tous les rapports, de son intérêt.

L'Italie, une fois unie, on n'aurait plus à craindre que la Méditerranée devienne un lac français ou anglais; elle ne pourrait, elle, en faire non plus un lac italien; mais elle serait assez forte pour empêcher que quelqu'un s'en emparât et pour en garantir l'usage à tous.

L'Italie unie, riche de ses produits, enrichie par les industries dont la nature lui a donné le monopole, n'aurait pas besoin de chercher des ressources fictives dans la protection. Ne craignant pas la concurrence, elle multiplierait les richesses et contribuerait au bien-être universel par le libre-échange, l'Italie accepterait la solidarité avec toutes les nations qui à leur tour, auraient accepté le principe du libre commerce.

L'Italie unie ne souffrirait pas que son territoire continuât d'être le *pré aux combats,* sur lequel, depuis tant de siècles, les puissances se donnent rendez-vous ; le champ-clos européen où les peuples viennent s'égorger. Cet Eden, dont on a fait une morgue qui a reçu tant de cadavres, serait fermé aux mauvaises passions qui divisent les peuples et qui les déchaînent les uns contre les autres.

On parle d'équilibre européen. Nous croyons que par le seul fait de la constitution de la nationalité italienne, on aura puissamment affermi cet équilibre ; car nous pensons que les nationalités devraient en être les bases, et que c'est pour avoir des bases différentes que l'équilibre européen est sujet aux secousses par lesquelles il est si souvent menacé. Mais ce n'est pas par ce fait seul que l'unité italienne consolidera cet équilibre.

C'est la nature des puissances et non leur nombre qui assure l'équilibre ; ce sont les petits Etats qui le mettent le plus souvent en danger, car on ne peut jamais bien savoir dans quel plateau de la balance ils se trouveront Pour les Etats forts, c'est différent : c'est dans leur indépendance, et pour des intérêts qui leur sont propres, qu'ils prennent une position et la gardent en conséquence. L'Italie faible sera à qui voudra s'en emparer ; forte, elle n'appartiendra qu'à elle-même.

Pouvez-vous avoir à craindre une collision entre l'orient et l'occident de l'Europe? L'Italie forte, avec une forte Allemagne, ralliée par la Suisse *la libre*, ce sera une barrière. Craignez-vous que le Nord n'envahisse le Sud? La force que la France possède, que l'Espagne regagne, que vous aurez laissé acquérir à l'Italie, que vous devez un jour rendre à la Grèce, feront un rempart.

On a l'air de craindre que l'union de l'Italie avec la France ne soit un danger pour l'Europe. Certainement, l'identité de race, les rapports de position géographique, la ressemblance des mœurs, une sympathie que les épreuves les plus sévères n'ont pu détruire, feront de l'Italie l'alliée de la France; mais l'alliée et non la vassale.

On parle d'équilibre! Mais à l'agitation qui règne dans tous les esprits, aux espérances que nourrissent les partis les plus opposés, à la panique qui envahit toutes les bourses, aux préoccupations de toutes les puissances dès que la moindre parole un peu significative est prononcée par un grand potentat, ne reconnaissez-vous pas qu'un poids manque à l'équilibre pour maintenir la balance ?

C'est l'Italie unie qui fera le poids. Appelée à prendre la place qui lui appartient dans le conseil des grandes puissances, sa raison y consolidera, y développera la paix; sa force y empêchera la guerre.

Voici quel pourrait être le résultat du congrès de Paris, si ce congrès doit avoir un résultat heureux; car nous l'avons prouvé, sa position est telle qu'il est destiné à accomplir une œuvre immense de justice et de politique, ou condamné à une impuissance absolue.

Nous saurons bientôt ce qu'il en sera.

Mais en attendant, nous répéterons que le congrès, pour s'assurer la gloire d'avoir résolu la question italienne, pour assurer le triomphe du

droit en faisant acte de justice internationale,
pour garantir l'avenir de l'Italie et par-là celui
de l'Europe; pour rendre la vie à un peuple et le
repos au monde, le congrès n'a que deux choses
à faire:

1º Par son intervention déblayer le terrain de
la nationalité italienne.

2º Laisser aux Italiens le soin d'en élever l'é-
difice sans son intervention.   L. P.

(Une première édition de ce travail a paru dans l'**ESPÉ-
RANCE**, journal international quotidien, publié à Genève,
Nº du 4, 5, 6, 7 et 9 Janvier 1860.)